JN101553

万葉集から学ぼう
日本のこころと言葉

万葉の恋うた

監修／上野 誠　絵／花村 えい子
編／こどもくらぶ

ミネルヴァ書房

はじめに

『万《まん》葉集《ようしゅう》』は、今《いま》から1300年《ねん》ほど前《まえ》の7世紀後半《せいきこうはん》から8世紀後半《せいきこうはん》にかけて編《へん》さんされた、日本《にほん》でいちばん古《ふる》い和歌集《わかしゅう》です。

「編《へん》さん」というのは、多《おお》くの材料《ざいりょう》を集《あつ》めて、整理《せいり》するなどして書物《しょもつ》の内容《ないよう》をまとめ上《あ》げることです。『万葉集《まんようしゅう》』は、全部《ぜんぶ》で20巻《かん》あり、約《やく》4500首《しゅ》の和歌《わか》がのっていますが、一人《ひとり》がまとめたものではなく、何人《なんにん》もの人《ひと》が何年《なんねん》にもわたって手《て》を加《くわ》えて仕上《しあ》げたと考《かんが》えられています。

ところで、「和歌《わか》」とはなんでしょうか。和歌《わか》は、「日本《にほん》の歌《うた》」「日本《にほん》で古《ふる》くからおこなわれている歌《うた》の形式《けいしき》」です。その多《おお》くは「短歌《たんか》」といって、5音《おん》または7音《おん》のひとまとまりの言葉《ことば》を「5・7・5・7・7」のリズムで「よむ（詠《よ》む）」歌《うた》です。「歌《うた》」といっても、メロディーをつけて歌《うた》うわけではないため、和歌《わか》は「よむ」といいます。

『万葉集《まんようしゅう》』には、天皇《てんのう》・皇族《こうぞく》、貴族《きぞく》ばかりでなく、役人《やくにん》や兵士《へいし》、農民《のうみん》まで幅広《はばひろ》い人《ひと》たちのよんだ和歌《わか》がのっています。また、歌《うた》がよまれた場所《ばしょ》も、東北地方《とうほくちほう》から九州地方《きゅうしゅうちほう》まで広範囲《こうはんい》にわたっています。そのため、作者不記載《さくしゃふきさい》の（作者《さくしゃ》が記《しる》されていない）和歌《わか》が、2100首以上《しゅいじょう》もあります。

そうした人《ひと》たちがよんだ和歌《わか》の内容《ないよう》は、身分《みぶん》によってかわることのない、恋心《こいごころ》や人《ひと》の死《し》への悲《かな》しみ、一方《いっぽう》で、身分《みぶん》や立場《たちば》によってそれぞれことなる悩《なや》みや悲《かな》しみなど、さまざまです。このような歌《うた》がのる『万葉集《まんようしゅう》』からは、この時代《じだい》を生《い》きた人《ひと》びとの息《いき》づかいが伝《つた》わってきます。

このような『万葉集《まんようしゅう》』の歌《うた》がつくられた時代《じだい》を「万葉《まんよう》の時代《じだい》（万葉時代《まんようじだい》）」といっています。

このシリーズ「万葉集《まんようしゅう》から学《まな》ぼう　日本《にほん》のこころと言葉《ことば》」は、長年《ながねん》にわたって『万葉集《まんようしゅう》』の研究《けんきゅう》をされている上野誠先生《うえのまことせんせい》の「万葉《まんよう》の世界《せかい》」にふれながら、みなさんと『万葉集《まんようしゅう》』を楽《たの》しんでいきます。

この本《ほん》『万葉《まんよう》の恋《こい》うた』では、万葉《まんよう》びとの恋《こい》ごころを描《えが》いた絵本《えほん》からはじめましょう。

もくじ

白《しろ》い麻衣《あさごろも》を

霧《きり》の流《なが》れる朝《あさ》、
ふっと途切《とぎ》れたその向《む》こうに
お姿《すがた》がありました。

胸《むね》の奥《おく》で何《なに》かが
コトリと音《おと》をたてました。

まず、絵本《えほん》をとおして万葉《まんよう》の世界《せかい》に入《はい》っていきましょう。

「お父《とう》さま、太鼓《たいこ》が……」

「ああ、一番太鼓《いちばんたいこ》だ。

宮城《きゅうじょう》の門《もん》が開《ひら》く時間《じかん》だ」

「きょう、お仕事《しごと》が終《お》わったら、
お買物《かいもの》に連《つ》れていってね」

「東《ひがし》の市《いち》にいきたいと言《い》っておったな、
わかった」

「外《そと》はまだ暗《くら》いから、お気《き》をつけて」

「いってらっしゃいませ」

「ここが東《ひがし》の市《いち》ね。
なんてにぎやかなの」
「おまえ、何《なに》を買《か》いたいのだ？」
「麻布《あさぬの》よ。白《しろ》い麻布《あさぬの》で
衣《ころも》を仕立《した》ててさし上《あ》げたい人《ひと》がいるの……」
「ん？　ほォー。
お前《まえ》もそういう年《とし》ごろになったのか……」

「その麻布《あさぬの》はな、
税《ぜい》として、地方《ちほう》の人たちが
何十日《なんじゅうにち》もかけて
運《はこ》んできたものなんだよ」
「まあー。そんな苦労《くろう》をして
運《はこ》んできた人《ひと》たちは、
この立派《りっぱ》な羅城門《らじょうもん》＊から
都《みやこ》に入《はい》りたかったでしょうに……」

＊羅城門《らじょうもん》は都《みやこ》の正門《せいもん》にあたる。
ふつうは、一般《いっぱん》の庶民《しょみん》がこの門《もん》を
利用《りよう》することは許《ゆる》されなかった。

「よいか、お聞《き》き。
東国《とうごく》の娘《むすめ》たちはな、
麻《あさ》の種《たね》まきからはじめて、
それはもう気《き》の遠《とお》くなるような
手間《てま》をかけて、
この麻布《あさぬの》をつくったんだよ」

「茎《くき》の繊維《せんい》から
糸《いと》をつむぎ、
布《ぬの》に織《お》り上《あ》げるのだ。
そして、
何度《なんど》も何度《なんど》も水《みず》にさらして、
上等《じょうとう》な白《しろ》い布《ぬの》に仕上《しあ》げるのだよ」

「東国《とうごく》の娘《むすめ》たちも、
この白《しろ》い布《ぬの》で、いとしい人《ひと》の衣《ころも》を
仕立《した》てたかったろうが、
税《ぜい》として出《だ》さねばならなかったのだね」

好《す》きな人《ひと》のために
一生《いっしょう》けんめい織《お》りつづけたのに、
国《くに》におさめなければならないなんて……
そんな……

わたし、心《こころ》をこめてこの麻布《あさぬの》で衣《ころも》をつくるわ。
東国《とうごく》の女性《じょせい》たちの祈《いの》りとともに……
あの方《かた》は、稲刈《いねか》りのためにお役所《やくしょ》からお休《やす》みをいただいて、
お国《くに》へ帰《かえ》ることになった……
田《た》のそばの「かりほ」で、ひとりですごされるのだわ……
なんと言《い》ってお渡《わた》ししよう？

――夜《よる》は寒《さむ》く、おさびしいでしょう
心《こころ》をこめてつくりました
どうかお持《も》ちくださいませ
お帰《かえ》りをお待《ま》ちしています――

——ありがとう
この衣《ころも》をあなたと思《おも》って身《み》につけます——
ああ、きっと……
そうおっしゃるわ……
きっと……

平城京《へいじょうきょう》の中《なか》に市場《いちば》（市《いち》）があったの？

平城京《へいじょうきょう》は、朱雀大路《すざくおおじ》で右京《うきょう》と左京《さきょう》に分《わ》けられていましたが、右京《うきょう》に西《にし》の市《いち》が、左京《さきょう》に東《ひがし》の市《いち》がありました。万葉集《まんようしゅう》の次《つぎ》の歌《うた》に、西《にし》の市《いち》が出《で》てきます。

西《にし》の市《いち》に
ただひとり出《い》でて
目並《めなら》べず
買《か》ひ（い）てし絹《きぬ》の
商《あき》じこりかも

（作者不記載歌《さくしゃふきさいか》　巻《まき》7の1264）

現代《げん》の言葉《ことば》にすると

西《にし》の市《いち》に
たった一人《ひとり》で出《で》かけていって
見《み》くらべもせず
買《か》ってしまった絹《きぬ》は……
買《か》いそこないの銭失《ぜにうしな》い。

▼語句《ごく》の意味《いみ》

目並《めなら》べず
「見《み》くらべもしないで」という意味《いみ》。

商《あき》じこり
「買《か》い物《もの》に失敗《しっぱい》してしまった」という意味《いみ》。

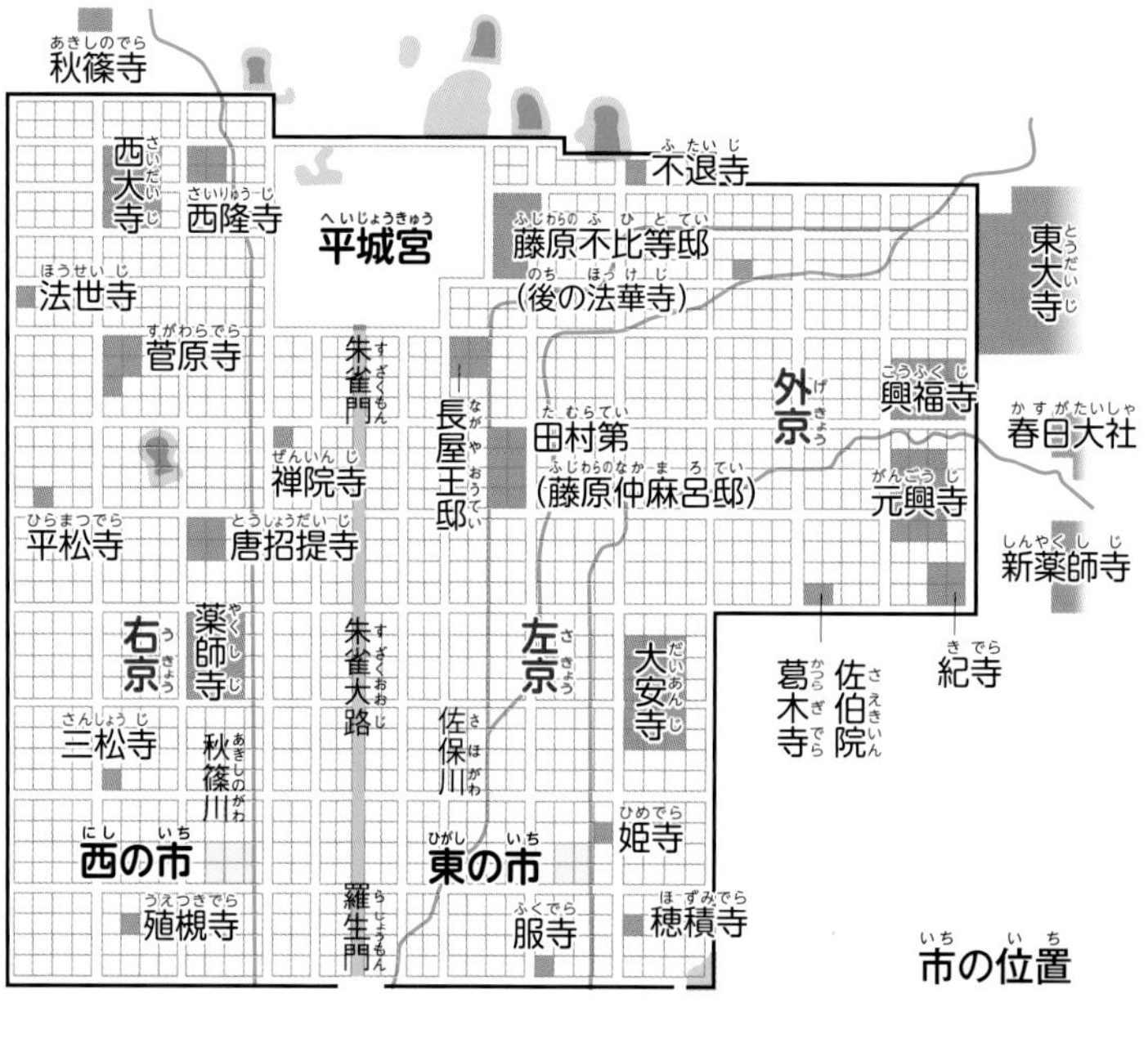

市《いち》の位置《いち》

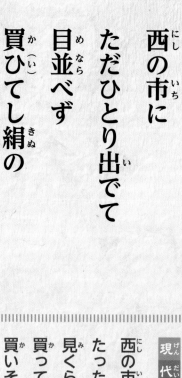

市《いち》には、穀物《こくもつ》、農産物《のうさんぶつ》、海産物《かいさんぶつ》、布《ぬの》、日用品《にちようひん》など、さまざまなものが売《う》られていた。（奈良文化財研究所所蔵）

どんな歌《うた》？

平城京《へいじょうきょう》には日本全国《にほんぜんこく》から物資《ぶっし》が集《あつ》まっていたので、市《いち》はたいへん活気《かっき》に満《み》ちていました。この歌《うた》は、西《にし》の市《いち》に一人《ひとり》で出《で》かけていって、絹《きぬ》を買《か》った人《ひと》の歌《うた》です。

絹《きぬ》は高級品《こうきゅうひん》です。当然《とうぜん》、慎重《しんちょう》に買《か》い物《もの》をしなければならなかったのに、この人《ひと》は市《いち》のにぎわいに圧倒《あっとう》されて、よく見《み》くらべもせずに絹《きぬ》を買《か》ってしまったのです。結局《けっきょく》、その絹《きぬ》は安物《やすもの》で、「買《か》いそこないの銭失《ぜにうしな》い」をしてしまったというわけです。

でも、この歌《うた》にはうらの意味《いみ》があります。古代《こだい》の市《いち》は、山《やま》の民《たみ》、海《うみ》の民《たみ》、里《さと》の民《たみ》など多《おお》くの人《ひと》が集《あつ》まる場所《ばしょ》でした。それで、そこは「歌垣《うたがき》」とよばれる集団見《しゅうだんみ》合《あ》いのような行事《ぎょうじ》がおこなわれる場《ば》でもあったのです。歌垣《うたがき》で出会《であ》った人《ひと》を恋人《こいびと》にしてしまったけれど、その恋人《こいびと》は見《み》かけだおしのダメな人《ひと》だったという意味《いみ》も、この歌《うた》にはこめられているのです。

麻布《あさぬの》をつくるのは女《おんな》の仕事《しごと》だったの？

万《まん》葉《よう》時代《じだい》には、庶民《しょみん》の衣服《いふく》の材料《ざいりょう》には、麻《あさ》がもっともよくつかわれていました。そして、麻《あさ》の種《たね》まきから刈《か》りとり、繊維《せんい》の取《と》りだし、糸《いと》づくり、織《お》り、仕立《した》てにいたるまで、すべて女《おんな》の仕事《しごと》でした。

万葉集《まんようしゅう》には、麻《あさ》づくりにかかわる歌《うた》がたくさんのっています。左《ひだり》の歌《うた》も、そのひとつです。

庭《にわ》に立《た》つ
麻手刈《あさでか》り干《ほ》し
布《ぬの》さらす
東女《あづまをみな》を
忘《わす》れたまふ（う）な
（常陸娘子《ひたちのおとめ》　巻《まき》4の521）

現《げん》代《だい》の言《こと》葉《ば》にすると

庭《にわ》に立《た》って、麻《あさ》を刈《か》り、干《ほ》して、
布《ぬの》にしてさらすような
田舎女《いなかおんな》でも、東女《あずまおんな》を
お忘《わす》れくださいますな
けっして　けっして――

▼語句《ごく》の意味《いみ》

麻《あさ》
大麻《おおあさ》や苧麻《ちょま》からとる植物繊維《しょくぶつせん》の総称《そうしょう》。古《ふる》くから日用《にちよう》の衣類《いるい》としてつかわれ、神社《じんじゃ》のしめなわや横綱《よこづな》の綱《つな》にも用《もち》いられてきた。

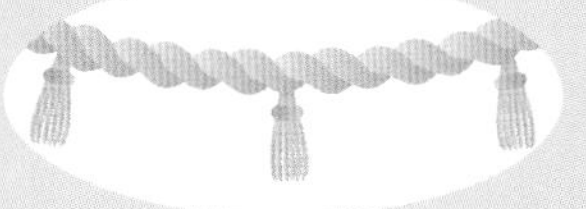
しめなわ

刈《か》り干《ほ》し
刈《か》りとったり、干《ほ》したりすること。

さらす
布《ぬの》などを水洗《みずあら》いしたり、日《ひ》に当《あ》てたりして白《しろ》くすること。

東女《あづまをみな》
東国《とうごく》の女《おんな》のこと。東国《とうごく》とは、畿内《きない》（→29ページ）より東《ひがし》の国《くに》のこと。常陸《ひたち》は東国《とうごく》のひとつ。東国《とうごく》の人《ひと》がよんだ歌《うた》を、「東歌《あずまうた》」という。万葉集《まんようしゅう》の第《だい》14巻《かん》は、東歌《あずまうた》の巻《かん》となっている。

どんな歌《うた》？

この歌《うた》は、国守《こくしゅ》として常陸《ひたち》（現《げん》在《ざい》の茨城県《いばらきけん》）に赴任《ふにん》していた貴族《きぞく》の藤原宇合《ふじわらのうまかい》＊が、任期《にんき》を終《お》えて都《みやこ》に帰《かえ》るとき、送別《そうべつ》の宴《うたげ》で常陸娘子《ひたちのおとめ》がよんだ歌《うた》です。「常陸娘子《ひたちのおとめ》」というのは名前《なまえ》ではなく、「常陸《ひたち》を代表《だいひょう》する娘《むすめ》」「ミス常陸《ひたち》」というような意味《いみ》。または、貴族《きぞく》などの宴《うたげ》で和歌《わか》をよんだり舞《ま》ったりして座《ざ》をとりもつ、教養《きょうよう》のある女性《じょせい》「遊行女婦《うかれめ》」だったとも考《かんが》えられています。

この歌《うた》から、麻布《あさぬの》づくりが女性《じょせい》の仕事《しごと》だったことがわかります。当時《とうじ》、麻《あさ》は東国《とうごく》の特産物《とくさんぶつ》で、税《ぜい》（↓28ページ）として平城京《へいじょうきょう》におさめられていたのです。

＊藤原京《ふじわらきょう》から平城京《へいじょうきょう》への遷都《せんと》（710年《ねん》）を推進《すいしん》した当時《とうじ》の最高権力者《さいこうけんりょくしゃ》・藤原不比等《ふじわらのふひと》の4人《にん》の息子《むすこ》のうちの一人《ひとり》。

麻《あさ》は成長《せいちょう》が早《はや》く、種《たね》をまいて100日《にち》ほどで大《おお》きく成長《せいちょう》し、収穫《しゅうかく》することができる。

精麻《せいま》からつくった麻糸《あさいと》。麻糸《あさいと》を織《お》って、麻布《あさぬの》をつくる。

麻《あさ》の茎《くき》の皮《かわ》から取《と》りだした繊維《せんい》を乾燥《かんそう》させたもの。これを「精麻《せいま》」といい、この精麻《せいま》から糸《いと》をつくる。

麻《あさ》にかかわる恋《こい》の歌《うた》

麻《あさ》布《ぬの》づくりは、原料植物《げんりょうしょくぶつ》の麻《あさ》の栽培《さいばい》から糸《いと》つむぎ、織《お》り、染色《せんしょく》まで、気《き》の遠《とお》くなるような手間《てま》をかけておこなわれます。ここでは、万葉集《まんようしゅう》の歌《うた》のなかから、「種《たね》をまく」「干《ほ》す」「水《みず》にさらす」「染《そ》める」をよみこんだ、麻《あさ》にかかわる恋《こい》の歌《うた》を紹介《しょうかい》しましょう。

麻衣《あさごろも》
着《け》ればなつかし
紀《き》伊の国《くに》の
妹背《いもせ》の山《やま》に
麻蒔《あさま》く我妹《わぎも》
（藤原卿《ふじわらきょう》＊　巻《まき》7の1195）

現代《げんだい》の言葉《ことば》にすると

麻衣《あさごろも》を着《き》るとね、
いとおしく思《おも》うよ。
紀《き》伊の国の
妹背《いもせ》の山《やま》に
麻《あさ》の種《たね》をまくあの娘《こ》のことを
思《おも》い出《だ》してね。

＊藤原不比等《ふじわらのふひと》（当時《とうじ》の最高権力者《さいこうけんりょくしゃ》の貴族《きぞく》）の4人《にん》の息子《むすこ》のうちの一人《ひとり》、藤原房前《ふじわらのふささき》ではないかと考《かん》えられている。

どんな歌《うた》？

当時《とうじ》は、日常《にちじょう》の衣類《いるい》として、貴族《きぞく》は絹《きぬ》の衣《ころも》を、庶民《しょみん》は麻《あさ》の衣《ころも》を着《き》ていました。それで、貴族《きぞく》の房前《ふささき》は、麻《あさ》の衣《ころも》を着《き》ると、種《たね》をまいて、麻《あさ》を育《そだ》てていた「いとしいあの娘《こ》」のことをなつかしく思《おも》いだしたのです。

「我妹《わぎも》」という言葉《ことば》から、房前《ふささき》が恋人《こいびと》へ送《おく》った歌《うた》だということがわかります。

▼語句《ごく》の意味《いみ》

紀《き》伊の国《くに》
現在《げんざい》の和歌山県《わかやまけん》。

妹背《いもせ》の山《やま》
和歌山県《わかやまけん》には「背《せ》の山《やま》」という山《やま》があるが、この山《やま》は2つの峰《みね》をもつため、万葉時代《まんようじだい》には「妹背《いもせ》の山《やま》」とよばれたと考《かん》えられている。「妹《いも》」は男性《だんせい》から見《み》た恋人《こいびと》や妻《つま》・娘《むすめ》を、「背《せ》」は女性《じょせい》から見《み》た恋人《こいびと》や夫《おっと》、兄《あに》をさす言葉《ことば》。

我妹《わぎも》
「妹《いも》」なので、男性《だんせい》から見《み》た恋人《こいびと》や妻《つま》のこと。

筑波嶺《つくはね》に
雪《ゆき》かも降《ふ》らる
いなをかも
かなしき子《こ》ろが
布乾《にのほ》さるかも

（作者不記載歌《さくしゃふきさいか》　東歌《あずまうた》　常陸国《ひたちのくに》
巻《まき》14の3351）

現代《げんだい》の言葉《ことば》にすると

筑波《つくば》のお山《やま》に
雪《ゆき》でも降《ふ》ったのかな。
ちがうかなぁ。
いとしいあの子《こ》が
布《ぬの》を干《ほ》しているのかなぁ――。

▼語句《ごく》の意味《いみ》

筑波嶺《つくばね》
現在《げんざい》の茨城県《いばらきけん》の筑波山《つくばさん》のこと。古《ふる》くから土地《とち》の人《ひと》に親《した》しまれていた山《やま》で、男体山《なんたいさん》と女体山《にょたいさん》の2つの峰《みね》からなっている。

いなをかも
「ちがうかなぁ」という意味《いみ》。「いな」を漢字《かんじ》で書《か》くと「否《いな》」となる。

見《み》らくし良《よ》しも
見《み》るのもよいものだ、という意味《いみ》。

かなし
現代語《げんだいご》で「かなし」というと「悲《かな》しい」という意味《いみ》になるが、ここでは「いとしい」という意味《いみ》。

どんな歌《うた》？

万葉集《まんようしゅう》には、筑波山《つくばさん》をよんだ歌《うた》がいくつもあります。

向《む》かって右《みぎ》の女体山《にょたいさん》（877m）と左《ひだり》の男体山《なんたいさん》（871m）の2つの峰《みね》をもつ筑波山《つくばさん》。

山《やま》にまだらにのこっている雪《ゆき》と、干《ほ》してある白《しろ》い布《ぬの》を見《み》まちがえる人《ひと》などいないでしょうが、この歌《うた》はあえてそう表現《ひょうげん》することで、「やっぱり、あの子《こ》がいとおしい」という思《おも》いを強調《きょうちょう》しているのです。布《ぬの》を干《ほ》すという仕事《しごと》が女性《じょせい》の仕事《しごと》のため、そういう表現《ひょうげん》が成立《せいりつ》するのです。

多摩川《たまがは》に
さらす手作《てづく》り
さらさらに
なにそこの子《こ》の
ここだかなしき

（作者不記載歌《さくしゃふきさいか》　東歌《あずまうた》　武蔵国《むさしのくに》
巻《まき》14の3373）

現代《げんだい》の言葉《ことば》にすると

多摩川《たまがわ》にさらす
手《て》づくりの布《ぬの》ではないけれど、
さらにさらに……
どうしてこの子《こ》が
こんなにも恋《こい》しいんだろう――

▼語句《ごく》の意味《いみ》

多摩川《たまがは》
東京都《とうきょうと》の西多摩《にしたま》を発《はっ》して東京湾《とうきょうわん》に注《そそ》ぐ川《かわ》。

さらす手作《てづく》り
川《かわ》の水《みず》に手作《てづく》りの布《ぬの》を、「さらさらと」流《なが》しながらさらしているようす。この言葉《ことば》は、次《つぎ》の「さらさらに」という言《こと》葉《ば》を引《ひ》きだすためにつかわれている。このような言葉《ことば》を「序詞《じょことば》」という。

さらさらに
「さらにさらに」「ますます」という意味《いみ》。

なにそ
「どうして」という意味《いみ》。

かなし
「いとおしい」「恋《こい》しい」という意味《いみ》。

多麻河泊爾《たまがはに》と万葉《まんよう》がなできざまれている。万葉《まんよう》がなとは、漢字《かんじ》の意味《いみ》とは関係《かんけい》なく、音《おん》だけを借《か》りて日本語《にほんご》を書《か》きあらわす文字《もじ》。

現在《げんざい》の狛江市《こまえし》に立《た》つ、上《うえ》の歌《うた》がきざまれた万葉歌碑《まんようかひ》。このあたりでは古《ふる》くから麻《あさ》や絹《きぬ》の生産《せいさん》がおこなわれていた。そのため、周辺《しゅうへん》には、調布《ちょうふ》をはじめ布田《ふだ》や砧《きぬた》など、布《ぬの》とかかわりの深《ふか》い地名《ちめい》がのこされている。

どんな歌《うた》？

この歌《うた》は、武蔵国《むさしのくに》（現在《げんざい》の、東京都《とうきょうと》や埼玉県《さいたまけん》、神奈川県《かながわけん》の北東部《ほくとうぶ》）の東歌《あずまうた》です。

麻《あさ》を刈《か》りとり、糸《いと》をつむいで織《お》った麻《あさ》布《ぬの》を川《かわ》でさらし、砧《きぬた》（木《き》づち）で打《う》って干《ほ》す。そして、またさらすという労働《ろうどう》をくりかえして、光沢《こうたく》のあるやわらかい麻《あさ》布《ぬの》をつくるのです。女性《じょせい》の労働《ろうどう》である布《ぬの》さらしは、過酷《かこく》な仕事《しごと》でした。そのため、「この子《こ》」に恋《こい》をしている男性《だんせい》は、よけいにいとおしく思《おも》うのです。

布《ぬの》さらしのようすを描《えが》いた布多天神《ふだてんじん》の絵馬《えま》。

橡《つるはみ》の
解《と》き洗《あら》ひ《（い）》衣《きぬ》の
怪《あや》しくも
ことに着《き》欲《ほ》しき
この夕《ゆふべ》かも

（作者不記載歌《さくしゃふきさいか》　巻《まき》7の1314）

現《げん》代《だい》の言《こと》葉《ば》にすると

くぬぎ染《ぞ》めの
洗《あら》い張《は》りした衣《ころも》を
我《われ》ながら不思議《ふしぎ》なほどに
むしょうに着《き》たい――
この夕《ゆう》べ……

▼語句《ごく》の意味《いみ》

橡《つるはみ》

クヌギのこと。クヌギの実《み》は、左《ひだり》の写《しゃ》真《しん》のような形《かたち》をしたドングリ。万葉時《まんようじ》代《だい》には、そのドングリを煎《せん》じた汁《しる》をつかって染色《せんしょく》がおこなわれていた。

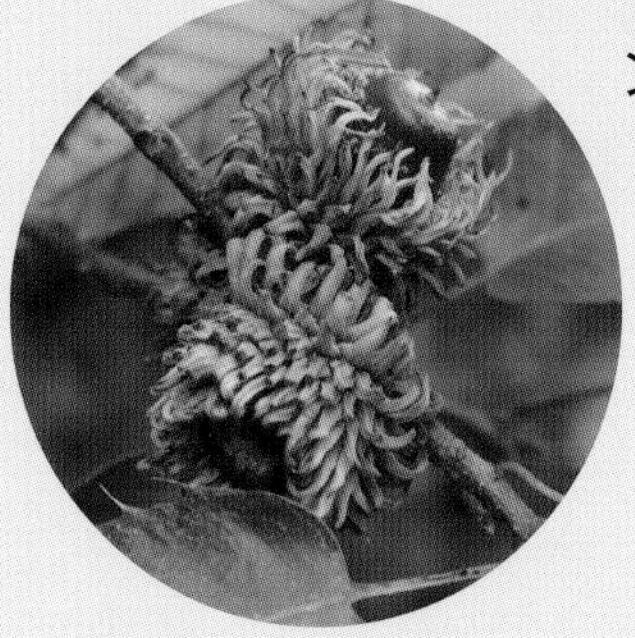

解《と》き洗《あら》ひ《（い）》衣《きぬ》

洗《あら》い張《は》りした衣《ころも》。本格的《ほんかくてき》な着物《きもの》の洗《せん》たくは、縫《ぬ》い糸《いと》をほどいて布地《ぬのじ》にしてから洗《せん》たくし、かわかして仕立《した》てなおすのだ。この仕事《しごと》は、例外《れいがい》なく女性《じょせい》の仕《し》事《ごと》だった。

怪《あや》しくも

不思議《ふしぎ》なほどに。

ことに

「とくに」「むしょうに」という意味《いみ》。

どんな歌《うた》？

万葉時代《まんようじだい》には、麻布《あさぬの》を黄褐色《おうかっしょく》に染《そ》めるときは、クヌギのドングリをつかったくぬぎ染《ぞ》めが広《ひろ》く愛用《あいよう》されていました。この歌《うた》は、「洗《あら》い張《は》りをして仕立《した》て直《なお》したくぬぎ染《ぞ》めの衣《ころも》をむしょうに着《き》たい」とうたっています。洗《あら》い張《は》りは女性《じょせい》の仕事《しごと》なので、それをしてくれたのは恋人《こいびと》か妻《つま》ということになります。つまり、この歌《うた》は、「なれ親《した》しんだ妻《つま》のもとにもどりたいなぁ」という気持《きも》ちをうたっているのでしょう。

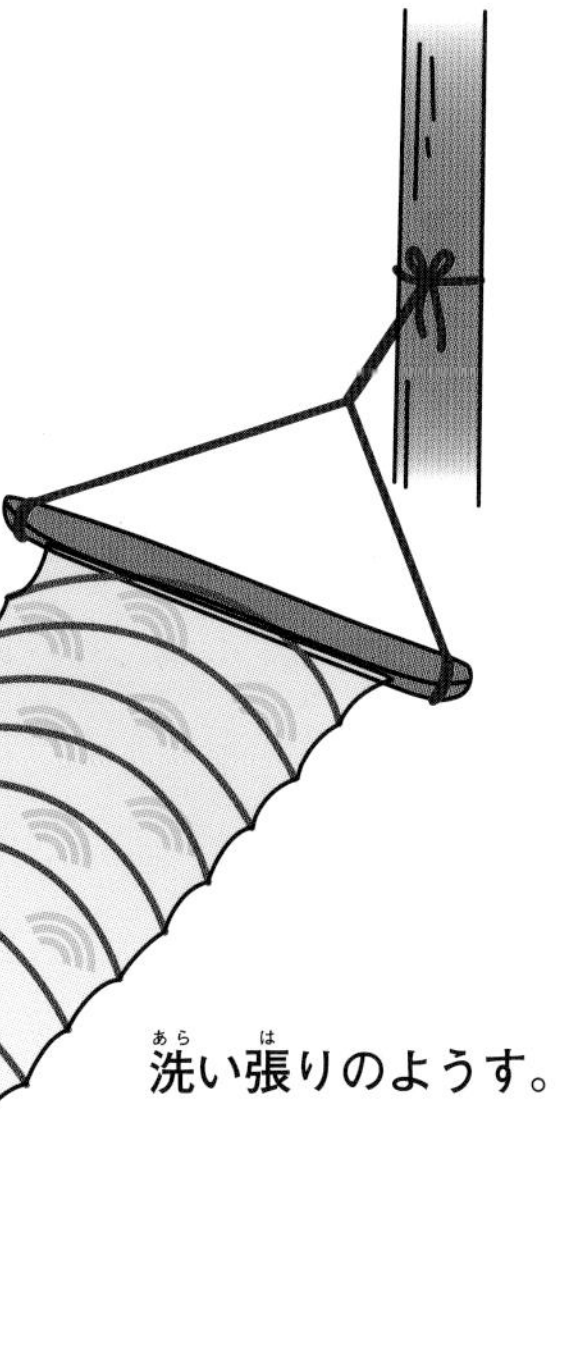

洗《あら》い張《は》りのようす。

平城京《へいじょうきょう》の役人《やくにん》は、農繁期《のうはんき》に休《やす》みがもらえたの？

都《みやこ》に住《す》む下級役人《かきゅうやくにん》は、ふだんは都《みやこ》の役所《やくしょ》につとめていますが、都《みやこ》からはなれたところに口分田《くぶんでん》（→資料編《しりょうへん》）を所有《しょゆう》していて、農業《のうぎょう》もしていました。そのため、役人《やくにん》は、春《はる》の田植《たう》えと秋《あき》の稲刈《いねか》りの時期《じき》に、それぞれ15日間《にちかん》の休《やす》みをとることが、法律《ほうりつ》でみとめられていました。

そうした下級役人《かきゅうやくにん》は、ひとりで自分《じぶん》の口分田《くぶんでん》へいき、稲刈《いねか》り前《まえ》の田《た》をイノシシなどにあらされないように見張《みは》るため、田《た》のそばに粗末《そまつ》な小屋《こや》を建《た》てて寝泊《ねと》まりしていました。その小屋《こや》を「かりほ」とよんだのです。

万葉集《まんようしゅう》の次《つぎ》の歌《うた》から、かりほでひとりさびしくすごす男性《だんせい》の思《おも》いや、逆《ぎゃく》に「かりほ」へおもむいた男性《だんせい》に対《たい》する女性《じょせい》の恋《こい》しい思《おも》いが伝《つた》わってきます。

秋田《あきた》刈《か》る　仮廬《かりほ》を作《つく》り　我《あ》が居《を》れば
衣手《ころもで》寒《さむ》く　露《つゆ》そ置《お》きにける
（作者不記載歌《さくしゃふきさいか》　巻《まき》10の2174）

現《げん》代《だい》の言《こと》葉《ば》にすると

秋《あき》の田《た》を刈《か》るために、
仮《かり》の小屋《こや》を作《つく》って
わたしがそこにいると、
衣《ころも》には寒々《さむざむ》と
露《つゆ》が降《お》りていた――

▼語句《ごく》の意味《いみ》

秋田《あきた》刈《か》る
「稲刈《いねか》りをする」という意味《いみ》。

仮廬《かりほ》
仮設《かせつ》の粗末《そまつ》な小屋《こや》のこと。「刈《か》り穂《ほ》」（刈《か》りとった稲穂《いなほ》のこと）の意味《いみ》もかけている。

衣手《ころもで》
「着物《きもの》の袖《そで》」という意味《いみ》。

露《つゆ》
大気中《たいきちゅう》の水蒸気《すいじょうき》が冷《ひ》えて水滴《すいてき》となったもの。雨《あめ》は「降《ふ》る」というが、露《つゆ》は「降《お》りる」という。和歌《わか》では、露《つゆ》は「置《お》く」と表現《ひょうげん》することが多《おお》い。

どんな歌《うた》？

「かりほ」で、初秋《しょしゅう》のころ、寒《さむ》い夜《よる》をひとりわびしくすごすつらさをよんだ、男性《だんせい》から女性《じょせい》へ向《む》けた歌《うた》です。「かりほ」は農繁期《のうはんき》だけに建《た》てられ、霜《しも》が降《お》りる晩《ばん》秋《しゅう》には取《と》りこわされる仮設《かせつ》の粗末《そまつ》な小屋《こや》でした。そのため、「かりほ」に寝泊《ねと》まりすると、夜露《よつゆ》に着物《きもの》がぬれてしまうこともあったのです。

万葉集《まんようしゅう》には、米《こめ》づくりにからんだ農作《のうさ》業《ぎょう》や行事《ぎょうじ》についてよまれた歌《うた》がたくさんのっています。ところが、農作業《のうさぎょう》そのもののようすや労働《ろうどう》の苦《くる》しさをよんだ歌《うた》はあまりなく、ほとんどが愛《あい》する人《ひと》を思《おも》う恋《こい》の歌《うた》です。

左《ひだり》の歌《うた》は、巻頭《かんとう》の絵本《えほん》の女性《じょせい》のように、「かりほ」におもむいた男性《だんせい》を思《おも》いやる女性《じょせい》の歌《うた》です。

秋《あき》田《た》刈《か》る　仮《かり》廬《ほ》作《つく》り
廬《いほ》りして　あるらむ《(ん)》君《きみ》を
見《み》む《(ん)》よしもがも

（作者不記載歌《さくしゃふきさいか》　巻《まき》10の2248）

現《げん》代《だい》の言《こと》葉《ば》にすると

秋《あき》の田《た》を刈《か》るために、
仮《かり》の小屋《こや》を作《つく》って
仮住《かりず》まいしていらっしゃる
でしょうあなたに
お逢《あ》いできる手《て》だてが
あるといいのに……

▼語句《ごく》の意味《いみ》

あるらむ

「らむ」は「〜でしょう」と推測《すいそく》をあらわす言葉《ことば》。

よしもがも

「よし」は、「方法《ほうほう》」や「手《て》だて」という意味《いみ》で、「もがも」は、「あったらいいなあ」という意味《いみ》。

農《のう》作《さ》業《ぎょう》に関《かん》係《けい》する歌《うた》には、ほかにどんな歌《うた》があるの？

前《まえ》ページの歌《うた》は、秋《あき》の「かりほ」に関《かん》する歌《うた》ですが、ここでは、春《はる》の田《た》植《う》えと秋《あき》の稲《いね》刈《か》りを題《だい》材《ざい》にした歌《うた》を紹《しょう》介《かい》しましょう。

衣手《ころもで》に
水渋《みしぶ》付《つ》くまで
植《う》ゑ《(え)》し田《た》を
引板《ひきた》我《わ》が延《は》へ《(え)》
守《まも》れる苦《くる》し

（作《さく》者《しゃ》不《ふ》記《き》載《さい》歌《か》　巻《まき》8の1596）

現《げん》代《だい》の言《こと》葉《ば》にすると

衣《ころも》の袖《そで》に
水渋《みずしぶ》がつくまでせっせと
植《う》えた田《た》んぼを、
鳴《なる》子《こ》の縄《なわ》を張《は》って
番《ばん》をするのはつかれるよ。

▼語《ご》句《く》の意《い》味《み》

水《み》渋《しぶ》
「水《すい》田《でん》の水《すい》面《めん》に浮《う》いている茶《ちゃ》褐《かっ》色《しょく》のさびのようなもの。

引《ひき》板《た》
縄《なわ》に板《いた》を結《むす》びつけて、触《ふ》れると音《おと》が鳴《な》るようにしたもの。鳴《なる》子《こ》のこと。田《た》をあらすイノシシやシカを追《お》いはらうために、しかけられた。

延《は》へ《(え)》
ぐるりと張《は》ること。

どんな歌《うた》？

いっしょうけんめい苗《なえ》を植《う》えた田《た》が、イノシシやシカなどの害《がい》獣《じゅう》にあらされてはたいへん。そのため、万《まん》葉《よう》時《じ》代《だい》にはさまざまな撃《げき》退《たい》法《ほう》がとられていました。そのひとつが、鳴《なる》子《こ》をしかけて音《おと》で追《お》いはらう、という方《ほう》法《ほう》でした。この歌《うた》は、そんなふうに田《た》を守《まも》るのはたいへんだー、ということをよんだ歌《うた》です。

でも、この歌《うた》にはうらの意《い》味《み》があります。それは、たいせつに育《そだ》てた娘《むすめ》に悪《わる》い男《おとこ》がいいよってこないように見《み》張《は》るのはつかれる、というものです。娘《むすめ》を悪《わる》い男《おとこ》から守《まも》る親《おや》の苦《く》労《ろう》をたとえているところが、この歌《うた》のおもしろいところですね。

秋《あき》の田《た》の
穂田《ほだ》の刈《か》りばか　か寄《よ》り合《あ》はば（わ）
そこもか人《ひと》の　我《わ》を言《こと》なさむ（ん）

（草嬢《くさのをとめ》　巻《まき》４の５１２）

現代《げんだい》の言葉《ことば》にすると

秋《あき》の田《た》の
刈《か》り分担《ぶんたん》。
おたがいに近寄《ちかよ》っていったら、
そんなことぐらいで……
ほかの人《ひと》は、
わたしたちのことをうわさするのでしょうね。

▼語句《ごく》の意味《いみ》

穂田《ほだ》
稲刈《いねか》り直前《ちょくぜん》の状態《じょうたい》にある田《た》んぼ。

刈《か》りばか
大勢《おおぜい》で稲刈《いねか》りをするときの、ひとりの分《ぶん》担範囲《たんはんい》、分担量《ぶんたんりょう》のこと。「ばか」は「量《はか》」の意味《いみ》。

そこもか
「そんなことぐらいで」という意味《いみ》。

言《こと》なさむ
「うわさをする」という意味《いみ》。

草嬢《くさのをとめ》
田舎《いなか》の娘《むすめ》、村娘《むらむすめ》のこと。

どんな歌《うた》？

実《みの》った田《た》んぼのなかで、若《わか》い男女《だんじょ》に割《わ》り当《あ》てられた場所《ばしょ》がとなりどうしになり、稲《いね》刈《か》りをしていくうちにふたりがだんだんと近《ちか》よってきます。すると、周《まわ》りにいる人《ひと》たちは、そんなことだけで「あのふたりは好《す》きどうしなんじゃないかな……」とはやしたてたりするんでしょうね……という内容《ないよう》の歌《うた》です。うわされるのを、はにかみながらも、少《すこ》しはうれしく思《おも》う娘《むすめ》の気持《きも》ちがあらわれている歌《うた》です。

平城京《へいじょうきょう》に時計《とけい》はあったの？

現《げん》代《だい》と同《おな》じような時計《とけい》はありませんでしたが、時《とき》をはかる道具《どうぐ》がつくられ、人《ひと》びとに時《とき》を知《し》らせていました。そのことがわかる万葉集《まんようしゅう》の歌《うた》を紹介《しょうかい》しましょう。

皆人《みなひと》を
寝《ね》よとの鐘《かね》は　打《う》つなれど
君《きみ》をし思《おも》へ《(え)》ば　寝《い》ねかてぬかも

（笠郎女《かさのいらつめ》　巻《まき》４の６０７）

現《げん》代《だい》の言《こと》葉《ば》にすると

みんな！
寝《ね》る時間《じかん》ですよという鐘《かね》は打《う》たれるけれど、
あなたのことを思《おも》うと……
ねむれませんわ――

▼語句《ごく》の意味《いみ》

寝《ね》よとの鐘《かね》
「寝《ね》る時間《じかん》ですよ」ということをみんなに知《し》らせる鐘《かね》。

君《きみ》
女性《じょせい》が男性《だんせい》をよぶときにつかう言葉《ことば》。あなた。

かてぬかも
「…できない」「…しにくい」という意味《いみ》。

どんな歌《うた》?

この歌《うた》は、情熱的《じょうねつてき》な恋歌《こいうた》で知《し》られる女《じょ》流歌人《りゅうかじん》・笠郎女《かさのいらつめ》が、大伴家持《おおとものやかもち》(↓27ページ)に送《おく》った歌《うた》です。

平城宮《へいじょうきゅう》には陰陽寮《おんみょうりょう》という役所《やくしょ》があり、そこでは「漏刻《ろうこく》」とよばれる水時計《みずどけい》が置《お》かれ、太鼓《たいこ》や鐘《かね》を鳴《な》らして時刻《じこく》を知《し》らせる仕事《しごと》をしていました。

「寝《ね》よとの鐘《かね》」は、いろいろな説《せつ》はありますが、午後《ごご》10時《じ》ごろに打《う》たれていたと考《かんが》えられます。つまり、平城京《へいじょうきょう》に住《す》む人《ひと》びとは、だいたい午後《ごご》10時《じ》ごろに鳴《な》る鐘《かね》が聞《き》こえると、「もう寝《ね》る時間《じかん》だ」と思《おも》ったのです。

でも、恋《こい》をしている人間《にんげん》は、ねむろうとしてもねむれません。それで、笠郎女《かさのいらつめ》は家持《やかもち》に、「わたしは、あなたにこんなに恋《こい》をしていますよ。寝《ね》よとの鐘《かね》が鳴《な》っても、あなたのことを思《おも》うと、わたしはねむれないんですよ」とうったえる、情熱的《じょうねつてき》な恋《こい》の歌《うた》を送《おく》ったのです。

漏刻《ろうこく》の復元《ふくげん》模型《もけい》

(奈良文化財研究所所蔵)

漏刻《ろうこく》は、階段状《かいだんじょう》にならべた複《ふく》数《すう》の水《みず》そうを、銅《どう》の細《ほそ》いパイプでつなぎ、それを通《とお》って最《さい》下段《かだん》の水《すい》そうにたまる水《みず》の量《りょう》で、時《とき》をはかるしくみになっていた。

漏刻《ろうこく》(水時計《みずどけい》)をはじめてつくったのは天智天皇《てんじてんのう》

天智天皇《てんじてんのう》(在位《ざいい》668~671年《ねん》)が、まだ皇太子《こうたいし》(中大兄皇子《なかのおおえのおうじ》)だった660年《ねん》に、遣唐使《けんとうし》のもちかえった知《ち》識《しき》をもとに漏刻《ろうこく》(水時計《みずどけい》)をはじめてつくったと、日本書記《にほんしょき》に書《か》かれています。明日香《あすか》(飛鳥《あすか》)にある水落遺跡《みずおちいせき》が、その漏刻《ろうこく》の遺跡《いせき》ではないかと考《かんが》えられています。

当時《とうじ》は、中大兄皇子《なかのおおえのおうじ》を中心《ちゅうしん》とした新《あたら》しい日本《にほん》の国《くに》づくりが進《すす》められていた時代《じだい》でした。漏刻《ろうこく》が宮中《きゅうちゅう》に設置《せっち》され、はじめて時刻《じこく》を人《ひと》びとに知《し》らせたのは、近江大津宮《おうみおおつのみや》(現在《げんざい》の滋賀県《しがけん》)で中大兄皇子《なかのおおえのおうじ》が即位《そくい》したあとの671年《ねん》4月《がつ》25日《にち》だったといいます。これは、今《いま》の暦《こよみ》になおすと6月《がつ》10日《とおか》にあたります。それで、1920(大正《たいしょう》9)年《ねん》に「時《とき》の記念日《きねんび》」を定《さだ》めるときに、6月《がつ》10日《とおか》が記念日《きねんび》となったというわけです。

女流歌人《じょりゅうかじん》の恋《こい》の歌《うた》には、どんな歌《うた》がある？

万《まん》葉集《ようしゅう》の代表的《だいひょうてき》な女流歌人《じょりゅうかじん》といえば、額田王《ぬかたのおおきみ》と大伴坂上郎女《おおとものさかのうえのいらつめ》です。このふたりの歌《うた》から、万葉《まんよう》びとの恋《こい》ごころを感《かん》じとりましょう。まず、額田王《ぬかたのおおきみ》の有名《ゆうめい》な歌《うた》です。

君待《きみま》つと
我《あ》が恋《こ》ひ《(い)》居《を》れば
我《わ》が屋戸《やど》の　簾《すだれ》動《うご》かし
秋《あき》の風《かぜ》吹《ふ》く
（額田王《ぬかたのおおきみ》　巻《まき》４の４４８）

現代《げんだい》の言葉《ことば》にすると

あなたを待《ま》って、
わたしが恋《こ》い慕《した》っていると……
わたしの家《いえ》の戸《と》の
すだれを動《うご》かして
秋《あき》の風《かぜ》が吹《ふ》く。

▼語句《ごく》の意味《いみ》

屋戸《やど》
「屋《や》」は建物《たてもの》のことで、「屋戸《やど》」とは、建物《たてもの》の出入《でい》り口《ぐち》のこと。

簾《すだれ》
部屋《へや》の入《い》り口《ぐち》に下《さ》げられる布製《ぬのせい》や竹製《たけせい》のしきり。

どんな歌《うた》？

この歌《うた》には、「額田王《ぬかたのおおきみ》、近江天皇《おうみてんのう》を思《おも》ひ《(い)》て作《つく》る歌一首《うたいっしゅ》」と説明書《せつめいが》きがついています。近江天皇《おうみてんのう》とは天智天皇《てんじてんのう》（↓25ページ）のことで、667年《ねん》に都《みやこ》を明日香《あすか》（飛鳥《あすか》）から近江《おうみ》にうつした天皇《てんのう》なので、こうよばれたのです。

額田王《ぬかたのおおきみ》が、きょうは恋人《こいびと》の天智天皇《てんじてんのう》がいらっしゃるかなーと、こころ待《ま》ちにしていたところ、すだれが動《うご》いたので、「やってきた！」と喜《よろこ》んだのです。ところが、ふりむいてみると、そこにはただ秋風《あきかぜ》が吹《ふ》いているだけだったという、むなしい女《おんな》ごころをよんだ歌《うた》です。

なぜ、額田王《ぬかたのおおきみ》は天智天皇《てんじてんのう》を待《ま》っていたのかというと、万葉時代《まんようじだい》には、女性《じょせい》の家《いえ》を男性《だんせい》が夜《よる》おとずれるという結婚《けっこん》の形《かたち》をとっていたからです。

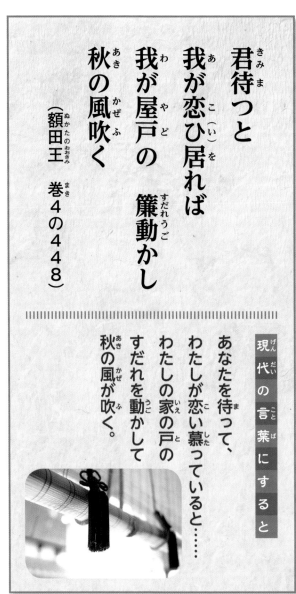

次《つぎ》は、大伴坂上郎女《おおとものさかのうえのいらつめ》の歌《うた》です。

我《わ》が背子《せこ》が
着《き》る衣《ころも》薄《うす》し
佐保風《さほかぜ》は
いたくな吹《ふ》きそ
家《いへ》に至《いた》るまで
（大伴坂上郎女《おおとものさかのうえのいらつめ》　巻《まき》6の979）

現代《げん》《だい》の言《こと》葉《ば》にすると

わたしのいい人《ひと》の着《き》ている衣《ころも》はうすいの……。
佐保《さほ》の風《かぜ》はきつく吹《ふ》かないでね、
家《いえ》にあの人《ひと》が帰《かえ》りつくまでは――

▼語《ご》句《く》の意《い》味《み》

背子《せこ》
女性《じょせい》が夫《おっと》や恋人《こいびと》をよぶ言葉《ことば》。

な吹《ふ》きそ
「な…そ」で、「…しないで」という意味《いみ》。

どんな歌《うた》？

この歌《うた》には、坂上郎女《さかのうえのいらつめ》の佐保《さほ》の邸宅《ていたく》から甥《おい》の大伴家持《おおとものやかもり》*が自分《じぶん》の家《いえ》へ帰《かえ》るときに、大伴坂上郎女《おおとものさかのうえのいらつめ》が家持《やかもち》にあたえた歌《うた》という説明書《せつめいが》きがついています。

佐保《さほ》というのは、平城宮《へいじょうきゅう》の東側《ひがしがわ》に広《ひろ》がる地《ち》で、ここには大伴氏《おおともし》の邸宅《ていたく》がありました。つまり「佐保《さほ》の風《かぜ》」というのは、佐保《さほ》の邸宅《ていたく》を出《で》てすぐに吹《ふ》きつけてくる風《かぜ》という意味《いみ》です。

坂上郎女《さかのうえのいらつめ》は、家持《やかもち》が家《いえ》に帰《かえ》りつくまでは、風《かぜ》よ吹《ふ》いてくれるな、と風《かぜ》にたのんでいるのです。なんだか、恋人《こいびと》のためによんだような歌《うた》ですね。そこに、甥《おい》を気《き》づかう叔母《おば》の愛情《あいじょう》を読《よ》みとることができます。

大伴家持《おおとものやかもち》は、24ページの歌《うた》でもわかるとおり、多《おお》くの女性《じょせい》と恋《こい》のうわさが立《た》っていました。そのため、あえて叔母《おば》である坂上郎女《さかのうえのいらつめ》は、家持《やかもち》を少《すこ》しからかうように、恋人《こいびと》のような表現《ひょうげん》でこの歌《うた》をよんだとも考《かんが》えられます。

＊奈良時代《ならじだい》の高級官吏《こうきゅうかんり》で、『万葉集《まんようしゅう》』にいちばん多《おお》くの歌《うた》をのこした歌人《かじん》。『万葉集《まんようしゅう》』の編者《へんしゃ》の一人《ひとり》だとされている。父《ちち》は大伴旅人《おおとものたびと》。大伴坂上郎女《おおとものさかのうえのいらつめ》は旅人《たびと》の妹《いもうと》。

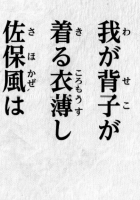

奈良《なら》時代《じだい》の人《ひと》びとのくらし

奈良《なら》時代《じだい》には、大宝律令《たいほうりつりょう》にもとづいて戸籍《こせき》がつくられ、6歳以上《さいいじょう》の男女《だんじょ》に口分《くぶん》田《でん》（農地《のうち》）があたえられる「班田収授《はんでんしゅうじゅ》」がおこなわれていました。下《した》の表《ひょう》のように、人《ひと》びとは口分田《くぶんでん》の面積《めんせき》に応《おう》じて「租《そ》」という税《ぜい》や、布《ぬの》や特産物《とくさんぶつ》を都《みやこ》まで運《はこ》んでおさめる「調《ちょう》・庸《よう》」という税《ぜい》を負《ふ》担《たん》しました。

「調《ちょう》・庸《よう》」にはともに布《ぬの》が指定《してい》されていますが、「庸《よう》」は労役《ろうえき》のかわりにおさめる税《ぜい》なので、高級《こうきゅう》な絹織物《きぬおりもの》は指定《してい》されず、麻織物《あさおりもの》など地域《ちいき》で生産《せいさん》できるものをおさめることになっていました。このほか、人《ひと》びとには労役《ろうえき》や兵役《へいえき》も課《か》せられました。

一方《いっぽう》、貴族《きぞく》たちは高《たか》い位《ぐらい》について、高《たか》い給料《きゅうりょう》や多《おお》くの土地《とち》をあたえられ、税《ぜい》や兵役《へいえき》も免除《めんじょ》されました。

租《そ》	稲《いね》（収穫量《しゅうかくりょう》の３％）
調《ちょう》	絹《きぬ》、糸《いと》、真綿《まわた》、特産物《とくさんぶつ》
庸《よう》	布《ぬの》（麻《あさ》など）：労役《ろうえき》のかわり
雑徭《ぞうよう》	地方《ちほう》での労役《ろうえき》（年間《ねんかん》60日以下《にちいか》）
兵役《へいえき》	食料《しょくりょう》・武器《ぶき》を自分《じぶん》で負担《ふたん》し訓練《くんれん》を受《う》ける。 一部《いちぶ》は都《みやこ》１年《ねん》、防人《さきもり》*３年《ねん》

＊ 外国《がいこく》からの敵《てき》の侵入《しんにゅう》をふせぐため、九州沿岸《きゅうしゅうえんがん》に配置《はいち》された兵士《へいし》。

どんな特産物《とくさんぶつ》が税《ぜい》としておさめられたの？

税《ぜい》として都《みやこ》に運《はこ》ばれてきた荷物《にもつ》には、税《ぜい》をおさめる人《ひと》の名前《なまえ》や税《ぜい》の内容《ないよう》を書《か》いた木《き》の札《ふだ》（木簡《もっかん》）がつけられていました。平城宮《へいじょうきゅう》で見《み》つかった多数《たすう》の木簡《もっかん》から、各《かく》地《ち》から特産物《とくさんぶつ》が運《はこ》ばれてきたことがわかりました。

左《ひだり》の地図《ちず》には、木簡《もっかん》からわかった各地《かくち》の特産物《とくさんぶつ》が記《しる》されています。たとえば、若狭《わかさ》の塩《しお》（シオ）、伊豆《いず》の堅魚《かつお》（カツオ）、隠岐《おき》の海藻《かいそう》（ワカメ）などがあります。都《みやこ》から遠《とお》くはなれたところから荷物《にもつ》を運《はこ》んでくる人《ひと》びとの苦労《くろう》がしのばれます。

奈《な》良《ら》時《じ》代《だい》の区《く》画《かく》　五《ご》畿《き》七《しち》道《どう》

奈良《なら》の都《みやこ》を中心《ちゅうしん》に国《くに》が統一《とういつ》されていくにつれ、政治《せいじ》のための区画《くかく》が整《ととの》えられていきました。天皇《てんのう》の住《す》む都周辺《みやこしゅうへん》の国《くに》を「畿内《きない》」とし、都《みやこ》から地方《ちほう》にのびる主要《しゅよう》な道路《どうろ》ぞいにならぶ国《くに》ぐにを「七道《しちどう》」としました。

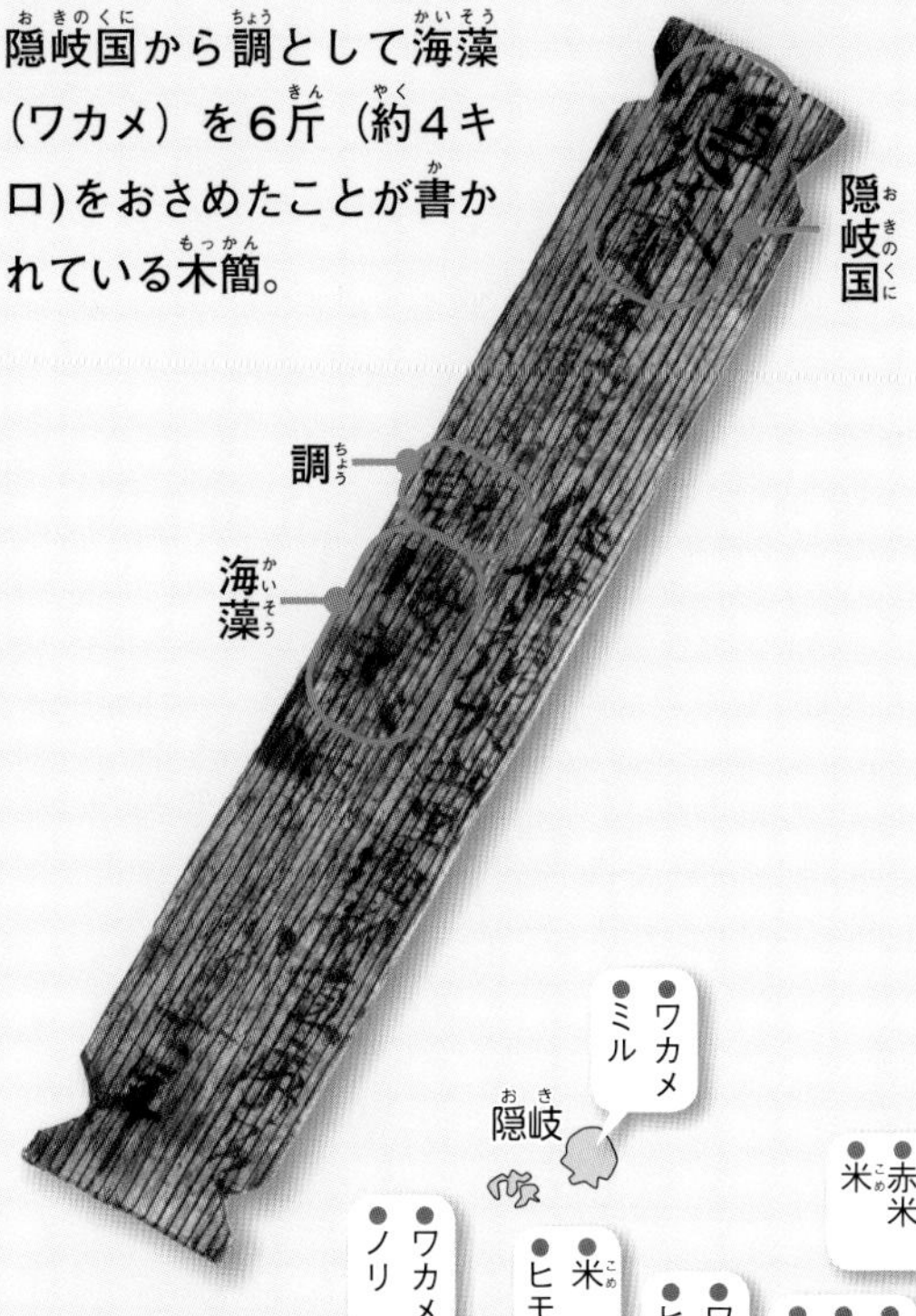

隠岐国《おきのくに》から調《ちょう》として海藻《かいそう》（ワカメ）を６斤《きん》（約《やく》４キロ）をおさめたことが書《か》かれている木簡《もっかん》。

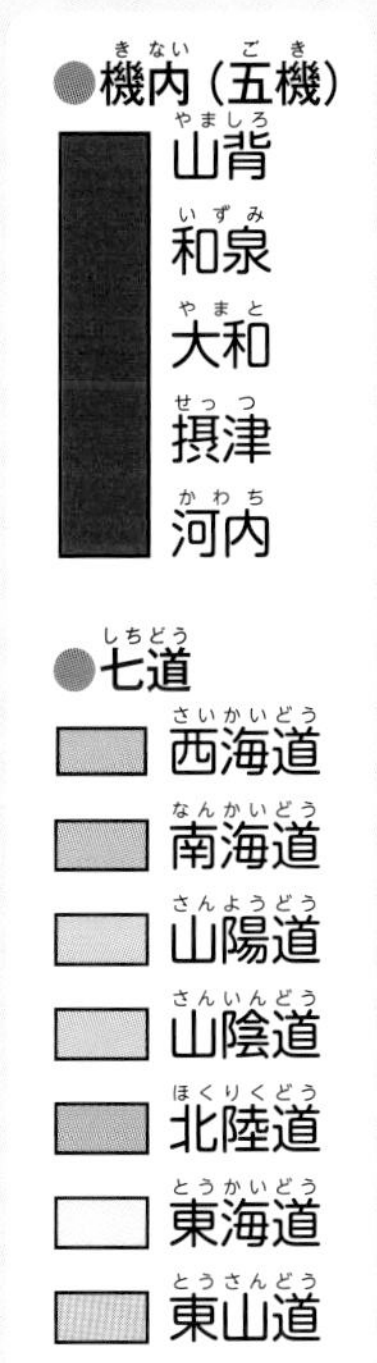

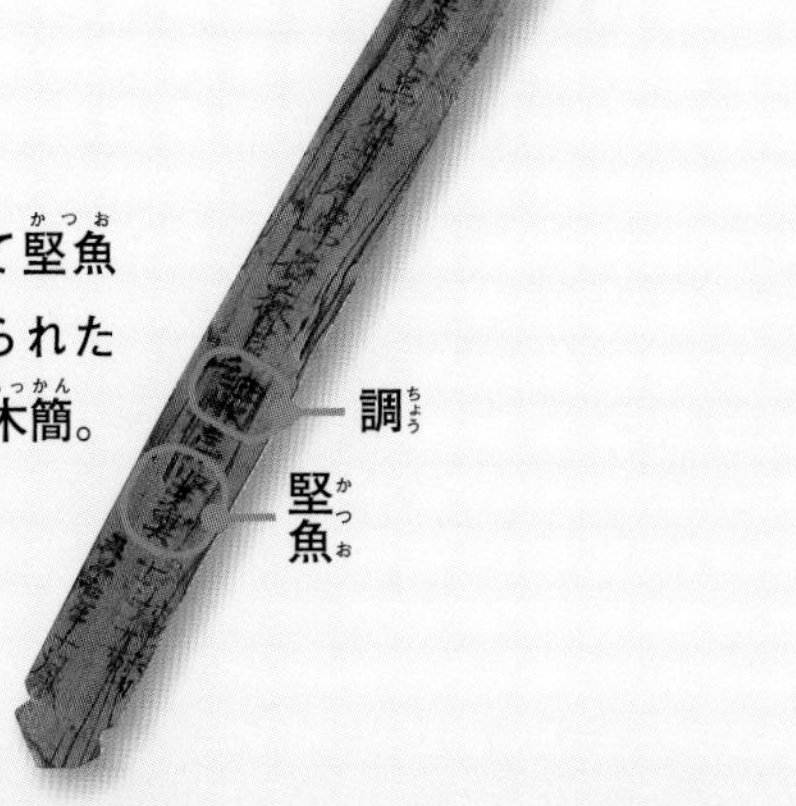

伊豆国《いずのくに》から調《ちょう》として堅魚《かつお》（カツオ）がおさめられたことが書《か》かれている木簡《もっかん》。

＊山背《やましろ》は後《のち》に山城《やましろ》と表記《ひょうき》されるようになる。

資料：『平城京再現』（奈良文化財研究所監修）

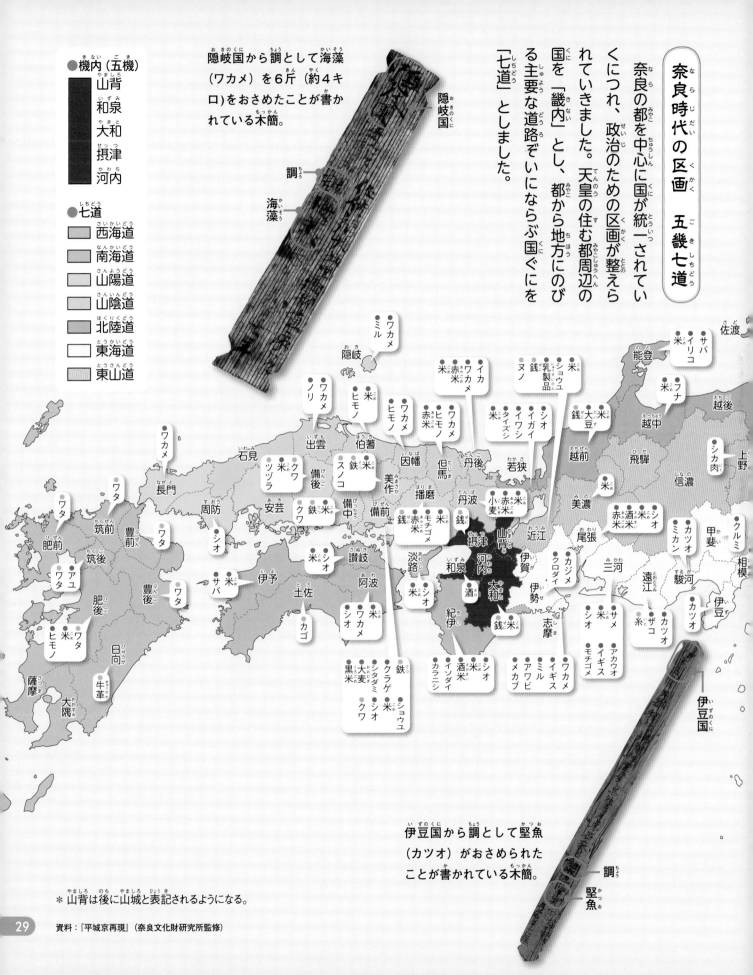

正倉院《しょうそういん》におさめられた白布《はくふ》

東大寺大仏殿《とうだいじだいぶつでん》の北北西《ほくほくせい》に位置《いち》する正倉院《しょうそういん》＊には、聖武天皇《しょうむてんのう》と光明皇后《こうみょうこうごう》ゆかりの宝物《たからもの》などがおさめられています。そのなかに、常陸国筑波郡《ひたちのくにつくばぐん》からおさめられた麻《あさ》の白布《はくふ》があります。税《ぜい》としておさめられた布《ぬの》が使用《しよう》されずに、なぜ正倉院《しょうそういん》におさめられたのかはわかっていませんが、正倉院《しょうそういん》におさめられたからこそ、現代《げんだい》のわたしたちも見《み》ることができたのです。

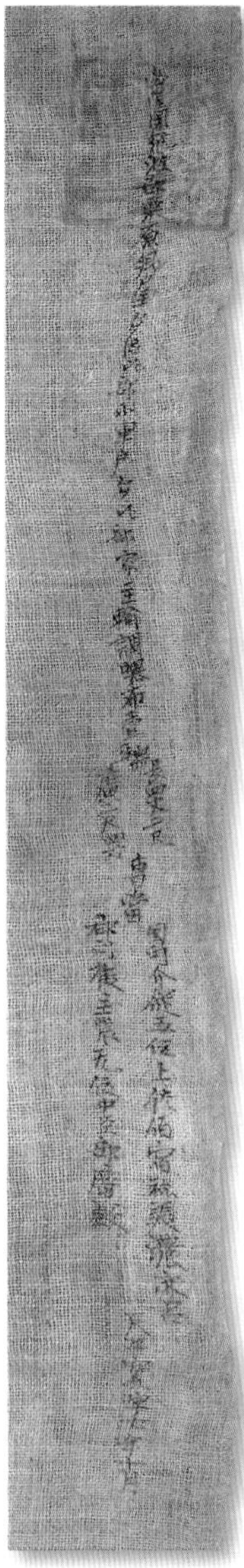

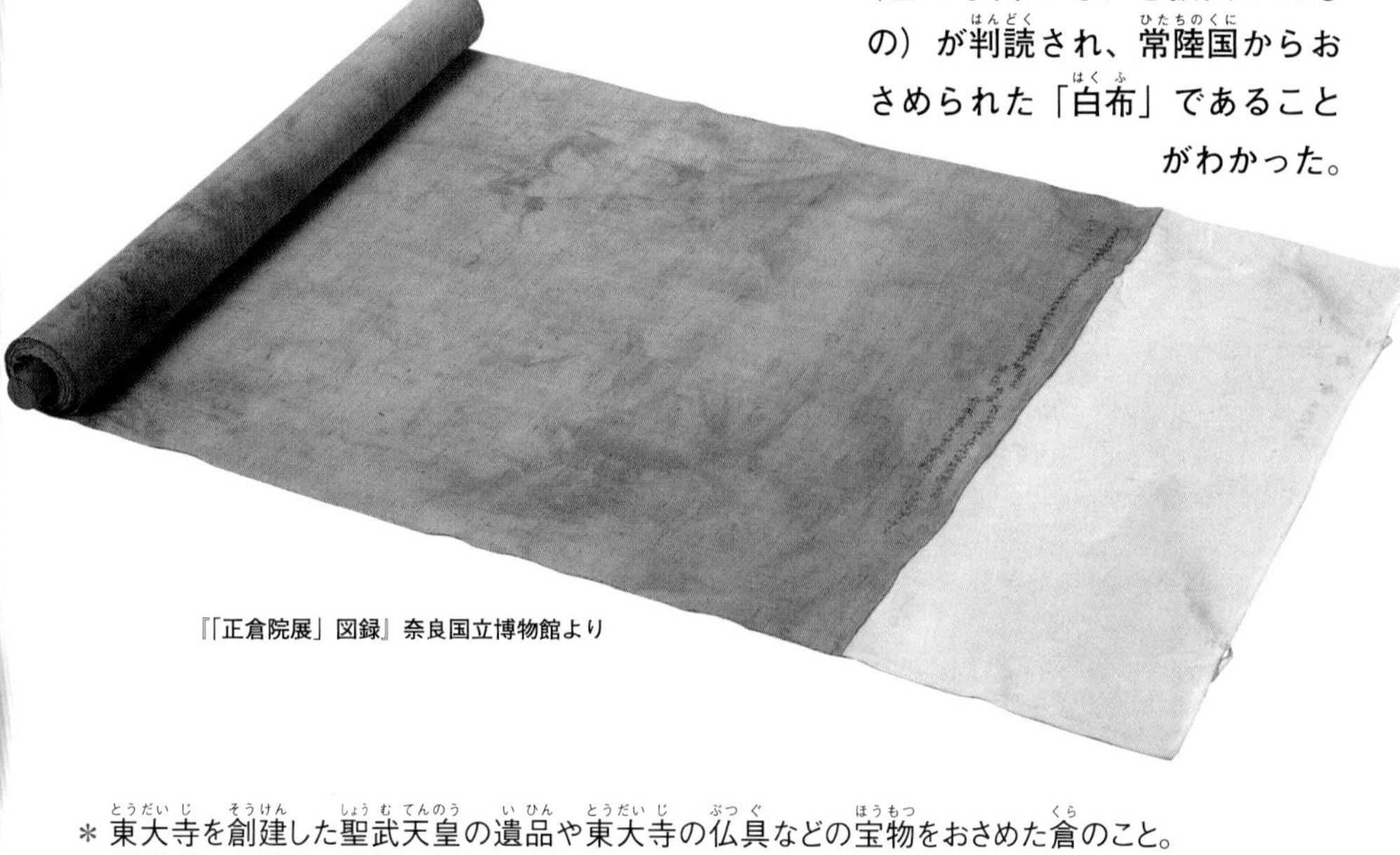

布《ぬの》の端《はし》に書《か》かれている墨《すみ》の文字《もじ》（左《ひだり》の写真《しゃしん》はそれを拡大《かくだい》したもの）が判読《はんどく》され、常陸国《ひたちのくに》からおさめられた「白布《はくふ》」であることがわかった。

『「正倉院展」図録』奈良国立博物館より

＊東大寺《とうだいじ》を創建《そうけん》した聖武天皇《しょうむてんのう》の遺品《いひん》や東大寺《とうだいじ》の仏具《ぶつぐ》などの宝物《ほうもつ》をおさめた倉《くら》のこと。校倉造《あぜくらづく》りの正倉《しょうそう》は国宝《こくほう》に指定《してい》されている。

かなづかいについて

この本《ほん》に掲載《けいさい》した万葉集《まんようしゅう》の歌《うた》については、ひらがな部分《ぶぶん》は歴史的《れきしてき》かなづかいで表記《ひょうき》し、その横《よこ》の（　）の中《なか》に現代《げんだい》かなづかいを示《しめ》しました。

なお、漢字《かんじ》の読《よ》みがなも歴史的《れきしてき》かなづかいで表記《ひょうき》していますが、現代《げんだい》かなづかいの読《よ》みがなを左《ひだり》に記《しる》しましたので、学習《がくしゅう》の参考《さんこう》にしてください。

（14ページ）東女《あづまをみな》 → 東女《あずまおみな》
（18ページ）多摩川《たまがは》 → 多摩川《たまがわ》
（19ページ）夕《ゆふべ》かも → 夕《ゆうべ》かも
（20・26ページ）居《を》れば → 居《お》れば
（21ページ）廬《いほ》りして → 廬《いお》りして
（23ページ）草嬢《くさのをとめ》 → 草嬢《くさのおとめ》
（27ページ）家《いへ》 → 家《いえ》

歌《うた》さくいん

さくいん

■監修

上野　誠（うえの　まこと）

1960年、福岡生まれ。國學院大學大学院文学研究科博士課程満期退学。博士（文学）。奈良大学文学部教授。第12回日本民俗学会研究奨励賞、第15回上代文学会賞、第7回角川財団学芸賞、第20回奈良新聞文化賞、第12回立命館白川静記念東洋文字文化賞受賞。『古代日本の文芸空間』（雄山閣出版）、『魂の古代学―問いつづける折口信夫』（新潮選書）、『万葉挽歌のこころ―夢と死の古代学』（角川学芸出版）、『折口信夫的思考－越境する民俗学者－』（2018年、青土社）、『万葉文化論』（2018年、ミネルヴァ書房）など著書多数。万葉文化論の立場から、歴史学・民俗学・考古学などの研究を応用した『万葉集』の新しい読み方を提案。近年執筆したオペラの脚本も好評を博している。

■絵

花村　えい子（はなむら　えいこ）

埼玉県川越市生まれ。1959年、貸本漫画「別冊・虹」に『紫の妖精』を発表してデビュー。以来、少女漫画界を代表する漫画家として、今日まで精力的に作品を発表しつづける。2007年、フランス国民美術協会（SNBA）サロン展覧会に招待作家として参加、特別賞を受賞。1960～70年代に描いた少女のイラストが可愛いと話題になり、国内外でグッズが販売されている。代表作に『霧のなかの少女』『花影の女』や、絵本『三月十日の朝』などがある。その抒情的な表現は高い評価を得ている。近年は『源氏物語』を描くことをライフワークとしている。日本漫画家協会名誉会員。

■編・デザイン

こどもくらぶ（石原尚子、長江知子、矢野瑛子）

■企画・制作

(株)今人舎

■取材・写真協力

奈良文化財研究所
正倉院事務所
奈良国立博物館

■写真協力

PIXTA
フォトライブラリー
安島喜一

■主な参考図書

『万葉びとの奈良』
著 / 上野誠　出版社／新潮選書　2010年
『はじめて楽しむ万葉集』
著 / 上野誠　出版社／角川ソフィア文庫　2012年
『万葉集で親しむ大和ごころ』
著 / 上野誠　出版社／角川ソフィア文庫　2015年
『万葉文化論』
著 / 上野誠　出版社／ミネルヴァ書房　2018年

万葉集から学ぼう 日本のこころと言葉
万葉の恋うた

2020年12月1日　初版第1刷発行　〈検印省略〉

定価はカバーに
表示しています

監　修　上　野　　誠
絵　花　村　えい子
発行者　杉　田　啓　三
印刷者　藤　田　良　郎

発行所　株式会社　ミネルヴァ書房
607-8494　京都市山科区日ノ岡堤谷町1
電話 075-581-5191／振替 01020-0-8076

©上野誠・花村えい子, 2020〔3〕

印刷・製本　瞬報社写真印刷株式会社

ISBN978-4-623-09100-3
NDC210/32P/27cm
Printed in Japan

既刊

令和のこころ

万葉の世界と梅花の宴

著／上野 誠

絵／花村 えい子

27cm　32ページ　NDC210

オールカラー　小学校中学年～

新元号「令和」の源「梅花の宴」を、絵本で導入

万葉集から学ぼう

日本のこころと言葉

古代の都　奈良の都

監修／上野 誠　絵／花村 えい子　編／こどもくらぶ

27cm　32ページ　NDC210　オールカラー　小学校中学年～